6,95

Eberhard Mühlan
Zwischen 12 und 17

Eberhard Mühlan

Zwischen
12 und 17 Tips für Teens

Verlag Schulte + Gerth Asslar

© 1986 Verlag Schulte + Gerth, Asslar
ISBN 3-87739-465-5
Best.-Nr. 15 465
1. Auflage März 1986
2. Auflage Juli 1986
3. Auflage Januar 1987
4. Auflage Juli 1987
Umschlaggestaltung: Herybert Kassühlke
Text- und Umschlagillustration: K. Thomas Adler
Satz: Jung + Osswald
Druck und Verarbeitung: Ebner Ulm
Printed in Germany

INHALT

ZWISCHEN ZWÖLF UND SIEBZEHN ...

Hallo!

Tja, wie magst du wohl heißen? Vielleicht Markus oder Katrin, Jens oder Ilona? Schade, daß ich es nicht weiß. Am besten wäre es, wir würden uns persönlich kennenlernen. Dann könnten wir zusammen in mei-

nem Arbeitszimmer sitzen und all die Dinge besprechen, die ich in diesem Buch aufgeschrieben habe. Aber das geht wohl nicht.

Ich habe selbst zwölf Kinder. Acht von ihnen sind sogar schon älter als zwölf Jahre. Eine große Familie zu haben, ist ganz schön aufregend. Da wird es nie langweilig! Es gibt immer viel zu reden und zu fragen, besonders über das Erwachsenwerden. Was wir dabei in unserer Familie besprochen haben, möchte ich dir in diesem Buch mitteilen. Also, setz dich gemütlich hin und versuche dir vorzustellen, ich säße dir gegenüber.

Ich nehme an, daß du zwischen zwölf und siebzehn Jahre alt bist. Das ist nicht gerade schwer zu raten, denn sonst würdest du das Buch wohl kaum lesen, oder? Bei dem Titel! Jedenfalls ist es ein tolles Alter, ich gratuliere! Aus den Kinderschuhen bist du ja schon herausgewachsen. Die Grundschule liegt hinter dir. Sandkiste und Puppen interessieren dich wohl kaum noch. Das war einmal. Vor dir liegt Neuland. Mit Siebenmeilenstiefeln eilst du ins Erwachsenenalter und willst den Duft der großen weiten Welt genießen...

Aber halt! Erst mal langsam. So plötzlich wird man auch nicht erwachsen. Zwischen Kindheit und Erwachsenenalter befindet sich noch eine wichtige Zeit: die der körperlichen und seelischen Reife. Sie liegt jetzt vor dir. Vielleicht bist du auch schon mitten drin. Dann hast du wohl gemerkt, daß man manchmal ganz schön auf die Nase fallen kann.

Manch ein Teenager, dem es nicht schnell genug ging, ist auch als Erwachsener ein unreifes, wenn auch großes ,,Kind" geblieben. Weißt du, eine Zigarette im Mundwinkel und ein Mädchen im Arm machen einen Menschen noch lange nicht erwachsen.

Gerade zwischen zwölf und siebzehn Jahren verändert sich so viel in deinem Körper und in deinen Gefühlen. Deswegen ist es wichtig, daß du dieses Buch liest und dich dadurch besser verstehen lernst.

Aber das ist noch nicht alles! Wenn du älter wirst, stürmen eine Menge Einflüsse auf dich ein. Da sind Klassenkameraden, die mit ihren Erfahrungen protzen. Wenn du ein Junge bist, gewinnen Mädchen ein neues Interesse. Für ein Mädchen ist es aufregend zu erleben, wie es auf Jungen wirkt. Auf dem Schulhof beobachtest du, wie manche in den Ecken miteinander schmusen. Plötzlich ist es „affenstark", eine Freundin oder einen Freund zu haben. Wer nicht mitmacht, wird ausgelacht.

Die Zeitschriften an den Kiosken machen dich neugierig. Du willst wissen, was Jugendliche mögen, wie sie leben. „Bravo" und andere Jugendzeitschriften werden unter den Schultischen gehandelt. Manch einem Teenager ist das schon zu harmlos, er greift lieber zu Pornoheften und harten Videos.

Cliquen oder Banden bilden sich. Schon wird die erste Zigarette geraucht, und bei der Klassenfahrt kreisen im Schlafraum heimlich Bierflaschen, während einer an der Tür Wache steht.

Höflichkeit und Ordnung sind nur noch Eigenschaften der verhaßten Streber. Wer frech antwortet und aus der Rolle fällt, hat die Lacher und Bewunderer auf seiner Seite. Achtung vor dem Eigentum anderer spielt bei vielen auch keine große Rolle mehr. Wenn es keiner sieht, macht Kaputtmachen Spaß, und man läßt auch schon mal etwas mitgehen.

Da habe ich dir eben eine Menge aufgezählt. Aber das ist nun einmal die Welt, in der du dich bewähren mußt. Sie ist alles andere als harmlos. Du erlebst, wie andere

Teenager Dinge tun, die ihre Eltern nie erfahren dürften. Vielleicht hast du sogar selbst mitgemacht. Sicherlich hast du dich dabei nicht gerade wohl gefühlt. Aber wer will schon gern ausgelacht werden oder als Außenseiter dastehen! Glaub mir, ich kann dich dabei wirklich verstehen, auch wenn ich manches nicht gutheißen kann.

Du wirst dich noch oft entscheiden müssen zwischen der Stimme deines Gewissens und dem, wozu dich deine aufgewühlten Gefühle oder andere Menschen anstiften wollen. Das wird kein leichter Kampf sein! Aber ich möchte dir dabei helfen. Zunächst werde ich dir die körperlichen und seelischen Veränderungen auf dem Weg ins Erwachsenenalter erklären, damit du dich besser verstehst. Danach will ich dir ein paar Ratschläge mitgeben, wie du als Teenager einen geraden Weg gehen kannst.

WAS PASSIERT
MIT MEINEM KÖRPER?

Von deinen Eltern oder in der Schule hast du sicherlich schon einiges über die körperlichen Veränderungen in den frühen Teenagerjahren gehört.

Man nennt diese Zeit die Pubertät. In der Pubertät bereitet sich dein Körper auf die Aufgabe der Elternschaft vor. Er entwickelt die Fähigkeit, Kinder zu zeugen beziehungsweise Kinder zu bekommen. Dein Körper wird geschlechtsreif, obwohl es noch viele Jahre dauern wird, bis du eine Familie gründen kannst.

Jeder hat seinen eigenen Fahrplan

Bei den Mädchen beginnt die Pubertät meistens etwas früher als bei den Jungen. Das kann schon mit zehn Jahren losgehen und dauert oft bis siebzehn. Jungen sind meist etwas später dran: zwischen zwölf und neunzehn entwickelt sich ihre Geschlechtsreife.

Du siehst, die Zeitspanne ist recht groß. Das liegt daran, daß jeder Teenager seinem eigenen Fahrplan folgt. Und nach diesem Fahrplan werden die chemischen Boten, die Hormone, in Bewegung gesetzt. Sie sind es, die letztlich die Veränderungen bei dir bewirken.

Es ist ganz normal, daß sich einige Teenager schneller entwickeln als andere. Sei also nicht beunruhigt, wenn es bei dir nicht so schnell gehen sollte. Gott hat noch keinen bei der Pubertät übersehen.

Wenn es losgeht, wirst du vielleicht einige beunruhigende Veränderungen feststellen. Und zwar in deinem Körper ebenso wie in deiner seelischen Verfassung, d.h. in deinen Gefühlen. Wenn du nicht vorbereitet bist und weißt, was sich da abspielt, könntest du in unnötige Ängste kommen. Die möchte ich dir ersparen.

Der Schuß in die Höhe

Du wirst eine Zeitlang schneller wachsen. Das kostet deinen Körper eine Menge Kraft und Energie. Wundere dich nicht, wenn du dich öfters schlapp und müde fühlst. Du bist nicht etwa krank, dein Körper fordert nur seine verdienten Ruhepausen. Gönn dir also den Luxus, ab und zu eher schlafen zu gehen. Auch wenn es lustig klingt: Ein sich im Wachstum befindender Vierzehnjähriger braucht tatsächlich mehr Schlaf als ein Zehnjähriger.

Achte auch auf frische Luft und eine gesunde Ernährung. Dein Körper wird es dir danken. Wenn du Heißhunger hast - deine Eltern werden die Hände über dem Kopf zusammenschlagen, wenn sie sehen, was du verdrücken kannst -, mach dich nicht allein über Süßigkeiten her, sondern lang bei den Hauptmahlzeiten ordentlich zu. Denk daran, man kann nicht nur von Hamburgern und Cola oder Pommes mit Ketchup leben. Da stecken einfach nicht genügend Vitamine und Mineralstoffe drin, die dein Körper gerade jetzt dringend braucht.

Aus Jungen werden Männer

Wenn du dir deinen Vater anschaust, bewunderst du vielleicht seine Muskeln und die gekräuselten Haare auf der Brust und an den Beinen. Oder du hast sogar schon heimlich seinen Rasierapparat benutzt, um dei-

nen Milchbart zu stutzen. Beim Singen dröhnt sein Baß so schön tief, ganz im Gegensatz zu deiner hohen Stimme.

Meinst du, das war schon immer so? Nein, dein Vater ist einmal genauso Junge gewesen wie du. Und auf dem Weg ins Erwachsenenalter hat er die gleiche Pubertät durchgemacht, die nun vor dir liegt.

Also sei darauf vorbereitet. Bei manch einem ging es rasanter, als er dachte. Dir werden Haare unter den Achseln, auf der Brust und in der Geschlechtsgegend wachsen. Tatsächlich wird auch bei dir der erste Flaum an der Oberlippe sprießen. Rasier ihn nicht so schnell weg, damit die anderen auch sehen, daß du auf dem Weg bist, ein Mann zu werden.

Nachdem deine Stimme eine Weile verrückt gespielt hat - man nennt das den Stimmbruch -, wird sie sich in einer tieferen Tonlage einspielen. Genau wie dein Körper, wachsen und dehnen sich deine Stimmbänder nämlich auch. Und während dieser Zeit kann es passieren, daß deine Stimme umkippt. Nicht nur beim Singen, sondern auch beim ganz normalen Sprechen. Vielleicht ärgerst du dich darüber, wenn andere das lustig finden und lachen. Trag es mit Humor! Nach spätestens zwei Jahren kannst du im Männerchor mitsingen.

Wahrscheinlich wirst du auch Veränderungen an deiner Haut feststellen. Pickel und Mitesser „zieren" dein Gesicht, die Haut wird fettiger. Gründliche Körperpflege ist jetzt besonders wichtig, auch wenn sie in diesen Pubertätsjahren nicht immer hilft. Sind die Pickel besonders ausgeprägt und häßlich, nennt man sie Akne. Gerade weil dir jetzt Mädchen nicht mehr so unwichtig sind und du mehr auf dein Äußeres achtest, sind solche Pickel verständlicherweise unangenehm. Tröste dich, normalerweise verschwinden sie nach einigen Jahren von selbst, sobald der Hormonspiegel im Körper stabiler wird.

Dein Glied und der Hodensack wachsen jetzt auch. Es kann vorkommen, daß sich dein Glied plötzlich versteift, ohne daß du es beabsichtigst. Das könnte dir peinlich sein. Ein Tip: Trage nicht so enge Kleidung, damit es nicht unnötig drückt und scheuert.

Irgendwann wirst du wahrscheinlich feststellen, daß du einen „unwillkürlichen Samenerguß" hattest. Das bedeutet, daß sich dein Glied im Schlaf versteift und die Samenflüssigkeit ausgestoßen hat. Häufig geschieht das während eines Traumes.

Manch einer merkt das erst am Morgen, wenn er eine gelbliche, angetrocknete Flüssigkeit in seiner Hose entdeckt. Du brauchst dich deswegen nicht schuldig zu fühlen oder gar zu befürchten, das wäre Eiter und du hättest eine schlimme Krankheit.

Dein Körper signalisiert dir damit, daß du jetzt auf dem Weg bist, ein zeugungsfähiger Mann zu werden. So wie die erste Monatsblutung einem Mädchen anzeigt, daß sie langsam eine Frau wird, zeigt der erste „unwillkürliche Samenerguß" einem Jungen, daß er Vater werden könnte. Im Gegensatz zur Monatsblutung eines Mädchens, die ja regelmäßig eintritt, erfolgen die Samenergüsse des Jungen unregelmäßig und manchmal recht selten.

Bei jedem Samenerguß werden Millionen von Samenzellen ausgestoßen, die so winzig sind, daß du sie mit bloßem Auge nicht einmal sehen kannst. Aus einer dieser Zellen könnte ein Kind werden, wenn sie in eine Frau gelangen und sich in ihrem Leib mit einer ihrer Eizellen vereinen würde.

Du siehst, dies ist eine wichtige Erfahrung, die dir zeigt, daß du nun viel Verantwortung trägst. Du bist zwar zeugungsfähig geworden, aber bis du wirklich Vater werden kannst, werden noch viele Jahre vergehen, in denen du deinen Geschlechtstrieb beherrschen und lenken mußt. Auf dieses Thema werden wir nachher noch einmal zurückkommen.

Aus Mädchen werden Frauen

Im Vergleich zu einem Jungen sind die Veränderungen in dem Körper eines Mädchens komplizierter und vielgestaltiger. Denn dein Körper muß sich auf die schwierige Aufgabe der Mutterschaft vorbereiten. In deinem Leib soll später einmal ein Ei befruchtet werden und ein Baby heranwachsen.

Zunächst wirst du an dir ähnliche Veränderungen feststellen wie ein Junge. Du wirst genauso in die Höhe schießen. Müdigkeit wird dich plagen und Heißhunger dich treiben. Deine Haut wird dir ähnlich zu schaffen machen. Auch werden dir Haare unter den Achseln und in der Geschlechtsgegend wachsen.

Allerdings bleibst du vom Stimmbruch verschont und bekommst auch keine Behaarung auf der Brust. Dafür werden dir Brüste wachsen. Ganz allmählich, im Verlauf von mehreren Jahren, wird deine Brust zu dem Busen einer erwachsenen Frau heranreifen.

Vergleiche dich bitte nicht mit anderen Mädchen in deinem Alter. Auch Mädchen entwickeln sich recht unterschiedlich. So ist es ganz natürlich, daß ein Mädchen mit zwölf Jahren schon recht weit entwickelt ist, während bei der anderen noch nichts zu sehen ist. Mach dir deswegen keine Sorgen. Der Körper entwickelt sich Schritt für Schritt.

Es kann vorkommen, daß die Brüste im Laufe der Entwicklung gelegentlich schmerzen und ein wenig

entzündet sind. Das gehört zum Wachstum dazu und bedeutet keineswegs, daß du Krebs oder eine andere Krankheit hast.

Etwa gleichzeitig mit den äußeren körperlichen Veränderungen wird beim Mädchen die erste Monatsblutung - man sagt auch Periode oder Menstruation - eintreten. Davon hast du sicherlich schon etwas gehört. Manche Mädchen ekeln sich davor, weil es etwas mit Blut zu tun hat.

Bei einer erwachsenen Frau findet die Monatsblutung etwa alle 28 Tage statt. Über einige Tage hinweg verliert sie durch die Scheide stark durchblutete Schleimhaut, die sonst, im Falle einer Schwangerschaft, dazu verwendet worden wäre, ein Baby zu ernähren.

Eine Frau ist nämlich so geschaffen, daß sie Monat für Monat in der Lage ist, in der Gebärmutter eine befruchtete Eizelle zu einem Baby heranwachsen zu lassen. Die Gebärmutter ist der Ort, an dem ein ungeborenes Baby über das Blut der Mutter ernährt wird.

Jeden Monat ist die Gebärmutter neu bereit, ein befruchtetes Ei aufzunehmen. Deshalb wächst an den Wänden der Gebärmutter regelmäßig Schleimhaut heran. Doch wenn die Frau in dem betreffenden Monat nicht schwanger wird, wird diese Gebärmutterschleimhaut nicht benötigt und durch die Scheide nach außen abgestoßen.

Wenn du deine erste Monatsblutung bekommst, signalisiert dir dein Körper, daß du nun erwachsen wirst und kein Kind mehr bist. Er stellt sich auf die wunderbare Aufgabe der Mutterschaft ein.

Du brauchst also deswegen nicht beunruhigt zu sein. Die Menstruation ist ein ganz natürlicher Vorgang. Sie ist keine Krankheit, darum kannst du während dieser Zeit alles tun, was du sonst auch tust. Vielleicht verspürst du manchmal leichte Verkrampfungen im Unterleib. Sollten die Schmerzen sehr stark werden, so sprich mit deiner Mutter oder mit einem Menschen, zu dem du Vertrauen hast.

Während einer normalen Menstruation verliert ein Mädchen vier bis sechs Eßlöffel Blut. Da dies innerhalb eines Zeitraumes von drei bis fünf Tagen geschieht, verlierst du jeden Tag nur relativ wenig Blut. Damit die Kleidung nicht befleckt wird, tragen Frauen als Schutz eine Binde oder führen einen Tampon in die Scheide ein.

Es ist außerordendlich wichtig, daß ein Mädchen seine Geschlechtsteile während der Menstruation jeden Tag wäscht. Dadurch werden lästige Gerüche vermieden.

Wenn du das erste Mal deine Monatsblutung hast, bist du vielleicht aufgeregt und verlegen. Du glaubst, jeder sehe dir an, daß du die Menstruation hast. Aber das stimmt nicht! Bald wirst du dich daran gewöhnt haben, und die Regel gehört zum normalen Ablauf deines Lebens.

Die Art und Weise, wie der Körper einer Frau funktioniert, um menschliches Leben hervorzubringen, stellt einen der schönsten Vorgänge in der ganzen Schöpfung Gottes dar. Du kannst sogar ein bißchen stolz darauf sein!

MEINE GEFÜHLE
SPIELEN VERRÜCKT

So wie sich dein Körper umstellt, wird sich auch dein seelisches Empfinden, also dein Fühlen, Denken und Wollen, auf das Erwachsenwerden einstellen.

Es gibt einfach viele neue und verwirrende Erfahrungen, die auf dich einstürmen, so daß du nicht immer ruhig und ausgeglichen reagieren wirst. Manchmal wirst du dich selbst nicht verstehen.

Die Pubertät ist eine Zeit der gefühlsmäßigen Höhen und Tiefen. Du wirst dich an einem Tag unwahrscheinlich toll und an einem anderen ganz miserabel fühlen. Sie ist auch eine Zeit des Zweifelns und Hinterfragens. Daran ist nichts Schlimmes. Schließlich bist du dabei, kindliches Denken und Reden abzulegen. Du lernst, wie ein Erwachsener zu denken und zu reden.

Höhen und Tiefen

Gefühlsschwankungen werden nicht ausbleiben. Wenn du dich auf sie einstellst, werden sie dich nicht beunruhigen. Sie gehören einfach dazu und werden auch wieder vorübergehen.

An einem Tag fühlst du dich ganz großartig und richtig erwachsen. Vor Tatendrang könntest du die

Welt einreißen. Übermütig pfeifend springst du die Treppen hoch und runter. Aber schon am nächsten Tag ist genau das Gegenteil der Fall: Du kommst dir minderwertig, lächerlich und wertlos vor. Nichts, aber auch gar nichts will klappen.

In solch einer Situation meint man, die ganze Welt habe sich gegen einen verschworen. Deine Eltern verstehen dich nicht, deine Geschwister regen dich auf. Du sitzt in einer Ecke deines Zimmers, starrst vor dich hin und fragst, was mit dir los ist.

Eben habt ihr noch friedlich im Wohnzimmer zusammengesessen. Dann hat dich dein Bruder ange-

muffelt. Das hat dich geärgert. Wütend hast du zurückgeschimpft. Natürlich hat das dein Vater mitbekommen und dich ermahnt. Das war dir zuviel. Schon bist du empört aufgesprungen und mit Tränen in den Augen aus dem Zimmer gestürmt.

Denk bitte daran, daß die Phase, in der du gerade steckst, nicht nur für dich, sondern für die ganze Familie anstrengend ist. Deine Eltern und deine Geschwister merken nämlich auch, daß du nicht mehr so wie früher bist. Und manchmal wissen sie nicht, wie sie sich dir gegenüber verhalten sollen.

Sicher, Gefühlsschwankungen gehören zur Pubertät. Aber trotzdem solltest du dich nicht einfach gehenlassen. Das macht dich nämlich auch nicht glücklicher. Ein Grund, warum du dich manchmal so elend fühlst, ist dein schlechtes Gewissen. Es zeigt an, daß dein Ärger und Eingeschnapptsein nicht richtig ist.

Ich glaube, das Wichtigste, was in der Bibel über Ärger und Wut zu lesen ist, steht in Epheser 4,26: „Mögt ihr zürnen, nur sündiget nicht! Die Sonne soll nicht untergehen über eurem Zorn."

Dieser Bibelvers fordert dich auf, Groll nicht zu lange in dich hineinzufressen. Das Beste ist, du überwindest deinen Ärger, bevor du zu Bett gehst. Dann gehorchst du der Bibel - und wirst garantiert besser schlafen!

Wenn du jemandem weh getan hast, faß dir ein Herz, geh zu ihm hin und entschuldige dich. Sag ihm, daß es dir leid tut, daß du es gar nicht gewollt hast und daß du dich manchmal selbst nicht verstehst. Dann bitte auch Jesus im Gebet um Vergebung. So wirst du am ehesten wieder Frieden in dein Herz bekommen.

Wenn du über irgendeine Sache böse oder traurig bist, und es ist dir unmöglich, zu der betreffenden Person zu gehen, besprich es mit jemand anderem, zum Beispiel mit deinen Eltern oder einem guten Freund. Oder setz dich auf dein Fahrrad, tritt tüchtig in die Pedalen und schütte dabei Jesus dein Herz aus. Er ist der beste Freund und versteht dich am ehesten.

Aber mach nicht den Fehler, Einsamkeit, Traurigkeit, Schuld, Ärger oder Groll in dich hineinzufressen. Das macht alles nur noch schlimmer und du behälst deine miese Stimmung.

Ein Alter des Zweifelns

Während deiner Kindheit haben dir deine Eltern gesagt, wie du dich verhalten sollst und was richtig oder was falsch ist. Wenn sie gläubig sind, habt ihr wahr-

scheinlich auch Familienandachten gehalten und seid gemeinsam in den Gottesdienst gegangen.

Zum Erwachsenwerden gehört, sich eine eigene Meinung zu bilden. Das gilt besonders für deine Beziehung zu Jesus. Um es dir ganz deutlich zu sagen: Jeder Teenager braucht seine Zeit, wo er die Dinge, die er zu Hause, im Kindergottesdienst oder in der Sonntagschule gehört und gelernt hat, noch einmal persönlich überdenkt, um dann eine Entscheidung zu fällen. Du mußt irgendwann einmal gründlich über dein Leben nachdenken und dann sagen: Ich will so oder so leben! Und diese Entscheidung solltest du möglichst unabhängig von deinen Eltern oder von anderen Menschen fällen!

Ein Mensch, der ohne viel Nachdenken nur das tut, was andere ihm sagen, wird niemals zu einer eigenständigen Persönlichkeit heranreifen. Das betrifft genauso die unzähligen Teenager, die alle die gleiche Kleidung und den gleichen Haarschnitt tragen und dem nachjagen, was gerade modern ist, wie das „Muttersöhnchen", das immer brav hinter seinen Eltern hertrottet, ohne jemals selbständig zu werden.

Du siehst also, eine Zeit des Zweifelns und des Hinterfragens kann gut sein, wenn sie dir hilft, dein Leben neu zu durchdenken und eine aufrichtige, eigenständige Persönlichkeit zu werden.

Daß dir das nicht leicht gemacht wird, hast du wahrscheinlich schon gemerkt. Da gibt es viele Einflüsse, die dich in die Irre führen wollen. Manche, die so tun, als wenn sie ganz frei wären, sind letztlich erbärmlich gebunden: an Nikotin, an Alkohol, an die Meinung der anderen. Sie schaffen es niemals, sich aufzumachen und eine eigenständige Persönlichkeit zu werden.

DER GRIFF
NACH DEINER SEELE

Die körperlichen und seelischen Veränderungen, die ich dir beschrieben habe, werden dir manchmal sehr zu schaffen machen. Aber leider bleibt es nicht dabei. Jetzt muß ich noch ein Thema anschneiden, daß mir als Vater große Sorgen bereitet. Teenagern, die es mit ihrer Pubertät schon schwer genug haben, wird es von anderen Menschen noch viel schwerer gemacht. Und das finde ich gemein.

Kaum bist du elf oder zwölf Jahre alt, greifen schon geldgierige Geschäftemacher nach dir und wollen dich zu einer Modepuppe oder einem Konsumtrottel machen. Du weißt doch, was ein Konsumtrottel ist? Kaum wird die neue Limonade im Werbefernsehen angepriesen, trottet Karlchen Klein auch schon zum nächsten Kiosk, um sie sich zu kaufen.

Teenager sind ein lohnender Markt für die Werbepsychologen. Ihre Kunst ist, dafür zu sorgen, daß du dir Dinge wünschst, auf die du gar nicht von selbst gekommen wärst. Darüber mag sich ein Geschäftsmann freuen. Nur du stehst mit leeren Taschen da.

Läuft nicht auch dir das Wasser im Mund zusammen, wenn du mitansehen mußt, wie jemand auf einem Riesenplakat in einen saftigen Hamburger beißt oder an einem verführerischen Eis schleckt? Ohne daß du es willst, passiert es dann: Plötzlich überkommt dich ein Heißhunger oder ein unwiderstehlicher Drang, das Eis zu kaufen. So gut verstehen die Werbepsychologen ihr Geschäft.

Aber das ist noch harmlos im Vergleich zu anderen, die sich schmeichelnd an dich heranmachen. Da gibt es Weltverbesserer, die Gott, die Bibel und deine Eltern hassen. Sie setzen alles daran, dir die Dinge zu vermiesen, die du zu Hause gelernt und vielleicht auch liebgewonnen hast. Sie machen dir die Beziehung zu deinen Eltern schlecht, verhöhnen den Glauben an Gott und finden so ziemlich alles gut, was die Bibel als Sünde bezeichnet.

Das klingt dann in etwa so: Es kann doch nicht sein, daß es einen Gott gibt, das ist doch nur ein Märchen. Die Bibel ist ein altmodisches Buch, das dir jeden Spaß verleidet. Deine Eltern meinen es ja vielleicht gut mit dir, aber die sind doch hoffnungslos altmodisch und können nicht mitreden. Die brauchst du gar nicht mehr zu fragen.

Leider sind einige Erwachsene, die Bücher und Zeitschriften schreiben oder als Lehrer unterrichten, für dich keine guten Vorbilder. Sie vertreten die Meinungen, die ich eben aufgezählt habe. Du solltest dir also gut überlegen, wen du bewunderst oder dir sogar als Vorbild nimmst.

Andere Erwachsene machen sich wenig Gedanken über ihr Leben. Manche sind gleichgültig geworden oder denken nur an ihren eigenen Vorteil. Vielleicht haben sie auch während ihrer Teenagerzeit niemanden gehabt, der ihnen gesagt hat, wie sie besser leben können.

Aber Vorsicht! Bevor du anfängst, sie zu verurtei-

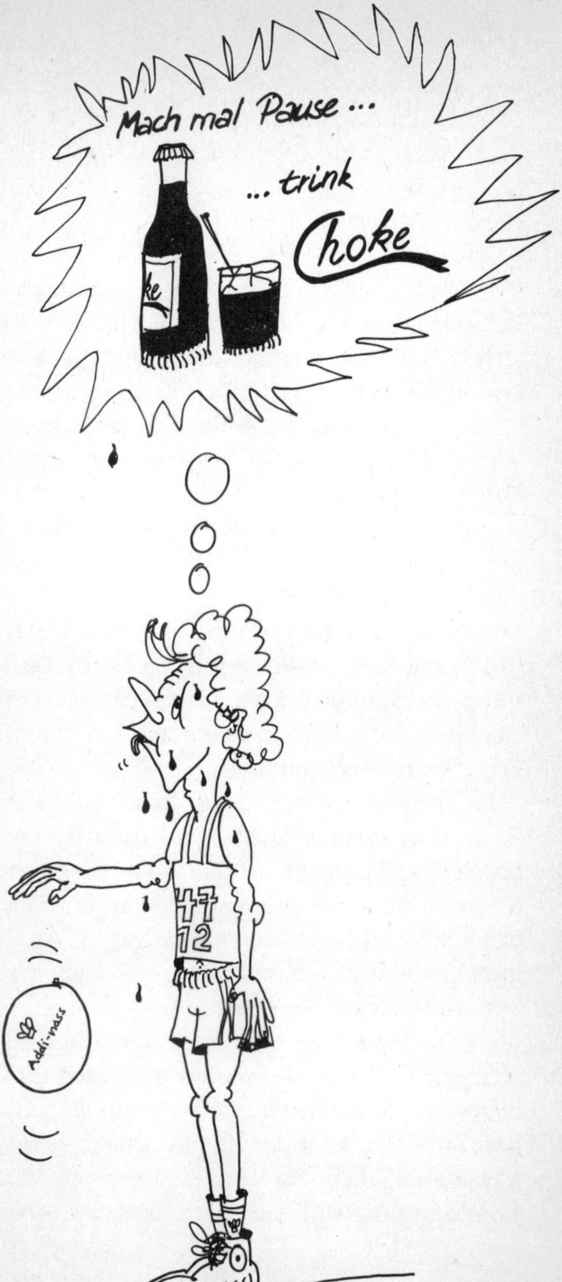
Mach mal Pause ...
... trink
Choke
47
12
Addi-nass

len, denk daran, daß du in gut zehn Jahren auch zu den Erwachsenen gehörst. Ich hoffe nur, daß du dann ein gutes Vorbild für Teenager sein kannst.

Die ,,Bravo'' ist nicht bravo

Der Schulleiter tritt in den Klassenraum. Augenblicklich wird aus dem lärmenden Chaos atemlose Stille. ,,Herr Carstens, euer Biologielehrer, ist plötzlich erkrankt. Ihr müßt euch während dieser Stunde einmal still beschäftigen. Ich hoffe, ich kann mich auf euch verlassen. Frau Müller von der 6b wird zwischendurch hereinschauen.''
Kaum sind die Schüler wieder unter sich, geht es in der hinteren Ecke los. ,,Hier, ich hab die neueste Bravo'', prahlt Heino.

,,Mann, los, her damit. Die muß ich haben.''
''Mensch, laß die Finger davon! Kauf dir selbst eine...'', verteidigt Heino seinen Besitz. Und schon stecken sie die Köpfe zusammen, um gemeinsam die Zeitschrift durchzublättern.

Ich bin mir fast sicher, daß du auch schon einmal eine dieser Jugendzeitschriften angesehen hast. Bravo, Popkorn, Mädchen oder wie sie alle heißen. Manche Teenies kaufen sie Woche für Woche. Man braucht sie gar nicht danach zu fragen. An ihrer Kleidung, an ihrem Gehabe und Gerede sieht man, wie intensiv Bravo auf sie abgefärbt hat.

Ich will ganz offen zu dir sein. Einige dieser Zeitschriften habe ich aufmerksam gelesen und kann dir deswegen eins versichern: Wenn du dein Leben nach dem, was dort zu lesen ist, ausrichtest, wird es garantiert schiefgehen. So kann kein verantwortungsvolles Leben von Jugendlichen oder Erwachsenen aussehen.

Wenn alle so leben wollten, würde eine Gesellschaft zugrunde gerichtet werden.

Das wissen die Herausgeber auch. Aber als allererstes sind sie hinter deinem Geld her. Und das sitzt manchem Teenager locker in der Tasche. Dafür sollte dir dein Geld und deine Person einfach zu schade sein. Mich regt am meisten auf, daß sich die Redakteure dieser Zeitschriften ausgerechnet auf die Altersgruppe stürzen, die am hilflosesten ist. Auf junge Menschen, die genug mit ihren eigenen körperlichen und seelischen Veränderungen zu tun haben und aufgrund ihrer Unsicherheit und Ablösung von ihrer Kindheit besonders anfällig sind für Verführungen. Und zu dieser gefährdeten Altersgruppe gehörst du auch!

Übrigens, viele Zeitschriften, die Erwachsene lesen, sind auch nicht besser. Dort findet man den gleichen Rummel um Geld, Gewalt, Schönheit und Sex, der den Leser nur auf falsche Gedanken und Wünsche bringt. Nimm dir lieber ein Buch mit, wenn du beim Zahnarzt oder beim Friseur im Wartezimmer sitzen mußt, damit du nicht auf diesen Schund angewiesen bist.

Stars und Geld

Laß mich einige Gefahrenpunkte nennen: Jeder Teenager sucht Vorbilder, nach denen er sich richten kann. Die Vorbilder, die Bravo und viele andere Zeitschriften zu bieten haben, führen dich aber in eine falsche Richtung. In erster Linie zeigen sie immer die Knüller, immer das Neueste. Wer am meisten ausflippt, ist am größten. Im Mittelpunkt steht das ausschweifende Leben von Stars, die ihre Fans sammeln.

Zum Beispiel habe ich in der Bravo die Geschichte von einem Jungen gelesen, dem der Spaß an Schule und Lernen vergangen war. Er hatte absolut keinen Bock, Mathe zu büffeln, konnte aber schon mit zehn Jahren auf seiner Gitarre rumhämmern. Stell dir vor, schon mit vierzehn Jahren brachte er seine erste LP mit einem „irren Sound" heraus.

Ich gratuliere, hoffentlich reicht sein Grips, um die Knete zu zählen, die ihm in den Schoß gefallen ist.

Nur mal eine Frage am Rande: Will der arme Kerl vielleicht sein ganzes Leben lang nur auf seiner Gitarre herumhämmern? Das muß ja langweilig werden! Was für einen Beruf will er wohl ohne Hauptschulabschluß später erlernen?

Liest man weiter, dann scheinen die Geldscheine

nur so zu fliegen. Natürlich werden sich nur die teuersten Sachen geleistet. Das größte Auto muß her, zur eigenen Villa gehört natürlich ein überdachtes Schwimmbad, und geschlemmt wird nur in den teuersten Restaurants. Die hübschesten Mädchen himmeln den tollen Kerl mit der dicken Brieftasche an. Ob sie es auch noch täten, wenn ihm einmal das Geld ausgehen würde?

Daß da ein Zwölfjähriger falsche Vorstellungen übers Geldverdienen und -ausgeben bekommt, ist einem Erwachsenen klar, aber nicht unbedingt so einem jungen Leser, der diese übertriebenen Geschichten Woche für Woche verschlingt.

Ein Interesse an Hobbys oder an einer sinnvollen Freizeitgestaltung wird in diesen Jugendzeitschriften nicht geweckt. Auch Themen wie aufrichtige Liebe, Geborgenheit, gute Beziehungen zu Klassenkameraden und zu den Eltern werden nicht angeschnitten. Ein Interesse an der Schule und am beruflichen Fortkommen fällt vollkommen unter den Tisch. Und der Gedanke an Menschen, die in anderen Teilen der Welt Hunger leiden und nicht genug zum Leben haben, ist total unwichtig. Hauptsache, mir geht es gut!

Was ist denn nun das Wichtigste?

Was für die meisten Menschen unserer Gesellschaft im Mittelpunkt ihres Lebens steht, hast du bald herausgefunden, wenn du deine Umgebung mit offenen Augen und Ohren beobachtest: Geld, Macht, Intelligenz, Schönheit und, wenn sie etwas älter sind, auch noch die Gesundheit. ,,Hauptsache gesund!" bemerkt der eine, ,,Hauptsache, ich kann mir alles leisten", denkt der andere.

Wenn ein Mensch das nicht aufweisen kann, fühlt er sich häufig totunglücklich oder gar minderwertig. Vielleicht geht es dir auch so? Du kannst nicht in so tollen Klamotten herumlaufen und auch nicht so viel Taschengeld vorweisen wie deine Klassenkameraden, weil dein Vater vielleicht nicht so viel Geld verdient.

Mußt du deswegen etwa unglücklich sein? Hast du noch nicht gemerkt, daß manche Eltern ihr Kind nur deshalb mit Geld überschütten, um ihr schlechtes Gewissen zu beruhigen, weil sie sich zu wenig Zeit für ihre Familie nehmen?

Manche deiner Klassenkameraden haben nur deshalb „Freunde", weil sie mit Geld um sich schmeißen. Aber wehe, es geht ihnen aus. Dann stehen sie wieder allein da. Auf solche Freundschaften solltest du verzichten können. Ein Freund muß zu dir stehen, weil er dich gern hat, und nicht weil du Geld hast.

Vielleicht hilft's dir, daran zu denken, wie die Bibel die Dinge bewertet, die von so vielen Menschen als einzig wichtig angesehen werden. Sie sagt, daß diese Dinge für Gott ein Greuel sind! „Denn was bei den Menschen hoch angesehen ist, das ist ein Greuel vor Gott!" (Lukas 16,15)

Wie gut, daß Gott in seiner Beziehung zu dir nicht auf äußerliche Dinge schaut, wie es die meisten Menschen tun: „Denn Gott sieht nicht auf das, worauf der Mensch sieht; der Mensch sieht auf das Äußere; der Herr sieht auf das Herz" (1. Samuel 16,7).

Gott verachtet die Dinge, die die Menschen für so großartig halten deshalb, weil sie von dem eigentlichen Ziel des Lebens ablenken. Stehen diese Dinge im Mittelpunkt, dann zerstören sie die Beziehung zu Gott und zu anderen Menschen. Solche unechten Werte können dich abhalten, Gott zu dienen, später einmal ein guter Vater oder eine gute Mutter zu sein und glücklich im Berufsleben zu stehen.

Worauf möchtest du zurückblicken, wenn du alt geworden bist? Ich möchte Gott gedient haben und mich an viele Menschen erinnern können, denen ich geholfen und die ich glücklich gemacht habe - mit meinem

Beruf und in meiner freien Zeit. Außerdem möchte ich auf eine intakte Familie schauen: auf eine Frau, mit der ich glücklich alt geworden bin und viele Kinder, die Freude an ihrem Leben haben und Jesus dienen wollen, weil ich es ihnen so vorgelebt habe.

Mir ist das wesentlich wertvoller als Geld, Macht, Intelligenz und Schönheit. Diese Dinge kann man schnell verlieren, während das andere einen bleibenden Segen hinterläßt. Auch du solltest schon über solche Sinnfragen des Lebens nachdenken.

Das gefährliche Spiel mit dem Teufel

Immer mehr Menschen finden Gefallen daran, sich mit dem Teufel und seinen dämonischen Mächten abzugeben. Für manche ist das nur Spaß oder Zeitvertreib, andere sind dem Teufel geradezu verfallen. Ich erwähne das deswegen, weil es auch schon Teenager betrifft.

In fast allen Zeitschriften kannst du Berichte und Reportagen zu diesem Thema lesen. Natürlich wird einerseits versucht, diese Dinge als Bluff hinzustellen. Andererseits wecken solche Berichte die Neugierde, diese finsteren Dinge auszuprobieren.

In einer Ausgabe der Bravo las ich von dem Besuch dreier Teenager bei einer Wahrsagerin, die ihnen die Zukunft aus der Hand las. In einer anderen Nummer fand ich eine Bildgeschichte, in der ein Mädchen mit Hilfe der gefährlichen okkulten Praxis des Tischerückens vom Teufel erfahren wollte, wie ihr zukünftiger Freund heißt.

Da wird gesagt, man solle eine Unglückszahl, z.B. die Dreizehn, meiden. Andere wünschen sich Glück, indem sie „toi, toi, toi" sagen oder sich die Daumen drücken. Man muß unbedingt sein Sternzeichen wissen, und nur wer sein Horoskop liest, lebt nicht hinter dem Mond.

Solche Menschen glauben allen Ernstes, daß ihr Schicksal von den Sternen bestimmt wird und sie aus der Konstellation der Gestirne etwas über ihren Charakter und vielleicht auch über ihre Zukunft erfahren können. Was für ein Unsinn!

Viele Teenager schauen sich sehr gern die sogenannten ,,Fantasy-Filme" an, die sie in einer phantastischen Märchenwelt von Hexen, überirdischen Wesen, Dämonenkämpfen und selbst Teufelsanbetung gefangennehmen. Diese Filme sind alles andere als ein harmloser Zeitvertreib. Sie wollen auch nicht unterhalten, sondern Hilfe und Erlösung aus dem Weltall oder von anderen finsteren Mächten anbieten. Dabei ist Erlösung allein durch Jesus Christus möglich. Was noch viel schlimmer ist: In vielen dieser Filme wird versteckt oder auch ganz offen der Teufel verehrt und angebetet.

Ich muß dich leider warnen: das alles ist kein Bluff, Spaß oder Quatsch! Den Teufel gibt es wirklich, auch wenn manche über solch eine Vorstellung lachen. Die Bibel sagt, daß er der Feind Gottes und der Verführer der Christen ist. Satan und seine dämonischen Mächte versuchen, Macht über die Menschen zu gewinnen. Sie sollen ihn anbeten und nicht Gott. Wer sich aber fest an Jesus hält, dem kann der Teufel nichts anhaben.

So steht es jedenfalls in der Bibel, und darauf können wir uns verlassen. ,,Siehe, ich habe euch Vollmacht verliehen, auf Schlangen und Skorpione zu treten, und über alle Gewalt des Feindes; und nichts wird euch etwas anhaben" (Lukas 10,19). Das beste ist, du lernst diesen Bibelvers auswendig. Wenn du Jesus in dein Leben aufgenommen hast und ihm folgen willst, brauchst du keine Angst vor dem Teufel zu haben. Jesus verspricht, immer bei dir zu sein und dir Schutz zu geben.

Bitte nimm das, was ich jetzt sage, sehr ernst. Es bringt dich in große Gefahr, wenn du ,,einfach nur mal so" ausprobierst, ob am Teufel wirklich etwas dran ist. Die Bibel sagt, daß Gott diese Dinge haßt, egal ob es nun um das Tragen eines Sternzeichens oder das Anschauen eines Filmes handelt, in dem Satan verherrlicht wird.

Wenn du das tust, wendest du dich damit von Gott ab und unterstellst dich Satan. Der Teufel versucht mit allen Mitteln, die Menschen festzuhalten, die sich einmal mit ihm abgegeben haben. Er versucht, sie mit Ängsten, Traurigkeit und bösen Gedanken zu quälen. Laß bitte die Finger davon und halte dich konsequent an Jesus!

Die Macht der Musik

Ich nehme an, daß Musikhören auch für dich immer interessanter wird. Ich denke an die vielen Teenager, die mit einem Kopfhörer und einem kleinen Walkman am Gürtel geistesabwesend neben mir in der Straßenbahn sitzen, auf dem Fahrrad vorbeisausen oder die Straße entlangschlendern. Die Umwelt ist für sie uninteressant geworden. Sie sind in dem ohrenbetäubenden Lärm ihrer Stereokopfhörer eingefangen.

Musikhören ist sicherlich etwas Schönes. Du mußt nur darauf achten, wieviel Zeit du dir dafür nimmst und was du dir anhörst. Manch einer hat sein Radio oder seinen Kassettenrecorder ständig laufen. Er kann die Stille schon gar nicht mehr aushalten. Automatisch

sucht die Hand den Einschaltknopf. Wenn dann auch noch wahllos alles gehört wir, was die Sender hergeben, läßt man sich auf eine gefühlsmäßige und gedankliche Vergiftung ein.

Denn beim Hören von Musik entstehen Stimmungen; Musik kann einen Menschen gefühlsmäßig enorm beeinflußen. Jemand, der sich eine Platte mit einhämmernder Rockmusik zigmal über Kopfhörer anhört, kann dadurch in einen bewußtseinsverändernden Rauschzustand und in ungute sexuelle Erregung kommen.

Vor einer Musikrichtung muß ich dich vor allem warnen: dem modernen ,,Hardrock" oder ,,Heavy Metal", wie er auch genannt wird. Vielleicht hast du schon von Gruppen wie AC/DC, Black Sabbath, KISS, Dio, Merciful Fate, Venom und Slayer gehört. Die Musiker dieser Gruppen verkünden Gewalt und beten offen den Teufel an.

Da ihre Texte größtenteils in Englisch gesungen und sowieso kaum verständlich sind, wissen die meisten Hörer gar nicht, um was es dabei geht. Würdest du die Texte verstehen, dann würdest du die Platten wohl vor Abscheu in die Ecke werfen. Kindern und Heranwachsenden werden Texte eingehämmert, die die größten Abscheulichkeiten zum Inhalt haben: Brutalität und Tod, Vergewaltigung und sexuelle Quälereien, Satansanbetung und Gotteslästerungen.Die Gruppe Black Sabbath, zu deutsch Schwarzer Sabbat, bringt mit ihrer harten Rockmusik Teufelsbeschwörungen und Hexenkult. Sie und andere Gruppen machen kein Geheimnis daraus, daß sie sich Satan verschrieben haben und ihm dienen wollen. Die Gruppe KISS übersetzt die vier Buchstaben mit ,,Kings In Satan's Service": Könige im Dienste Satans.

Auf der Bühne und auf den Schallplatten singen sie von der Allmacht des Teufels, von der Ohnmacht Gottes und von einem schönen Leben mit Satan.

Die australische Hardrock-Gruppe mit der Abkürzung AC/DC .nennt sich Antichrist/Death to Christ (Antichrist/ Tod für Christus). In ihren Songs verkünden sie Haß gegen Gesellschaft, Schule und Eltern, der von vielen Teenagern ohne viel Nachdenken übernommen wird. Sie haben es ja oft genug gehört. Ein Musiker sagte: ,,Wir wollen den Eltern ihre Kinder klauen und ihre Gedanken für uns gefügig machen."

Die bekannteste LP von AC/DC heißt ,,Highway to Hell" (Autobahn zur Hölle). Tausende von Teenagern haben den Titel auf Konzerten oder in ihrer Bude begeistert mitgesungen. Was mag in Jugendlichen vorgehen, die sich damit brüsten und schreien: ,,Ich bin auf der Autobahn zur Hölle... Halt mich nicht auf, hey, hey, hey... Yeah, ich geh den Weg bis zum Ende, wow, auf der Autobahn zur Hölle"?

Viele werden den Song gedankenlos mitsingen, ihnen kommt der Inhalt der Worte nicht zu Bewußtsein. Wissen sie nicht, daß sie damit den Teufel in ihr Herz hineinlassen?

Bob Larson, der vor seiner Bekehrung zu Jesus Christus selbst Rockmusiker war, warnt inzwischen vor nichtchristlicher Rockmusik: ,,Satan weiß, wenn er in diesen letzten Tagen vor der Wiederkunft Christi wirkungsvoll arbeiten will, dann muß er Kontrolle über die Jugend gewinnen. Satan benutzt Hardrock, um diese Generation zu beherrschen. Mit meinen eigenen Augen habe ich Jugendliche gesehen, die beim Tanzen zu Rockmusik von Dämonen besessen wurden. Dies war besonders bei Mädchen beobachtbar.

Von einer jungen Dame dürfte man erwarten, daß sie beim Tanzen einigen Anstand bewahrt. Ich habe jedoch Teenager-Mädchen beobachtet, die in krampfartige Zuckungen fielen, die nur durch dämonische Aktivitäten erklärbar waren. Ich bekam Angst, als ich solche Dinge geschehen sah, während sie zu meiner Musik tanzten. Ein Dämon ist nicht gezwungen, ständig in einer Person zu verbleiben… Wenn sich diese Person aber in die Rhythmen von Rockmusik fallen läßt, vermag der Dämon augenblicklich einzutreten; er richtet moralische und geistige Verheerung an und verläßt die Person dann wieder. An Freitag- und Samstagabenden gewinnt der Teufel über tausende junger Leben dämonische Kontrolle."

Ich habe dir einige Gruppen genannt — und es gibt noch viel mehr —, um dir klar zu machen, daß es nicht harmlos ist, sich auf ihre Musik einzulassen. Wenn du noch mehr darüber wissen willst, empfehle ich dir ein kleines Büchlein von John Rockwell: „Trommelfeuer, Rocktexte und ihre Wirkungen", erschienen im Verlag Schulte und Gerth, Asslar. Bitte deine Eltern, es dir zu besorgen oder kaufe es dir von deinem Taschengeld.

Ich nehme an, du hast bis jetzt noch nicht viel mit dieser teuflischen Musik zu tun gehabt. Sei froh darüber und laß dich besser erst gar nicht darauf ein. Irgendwann in der nächsten Zeit wirst du von diesen Gruppen hören und vielleicht auch Schallplatten oder Kassetten angeboten bekommen.

Anderen Teenagern hat das Hören dieser Musik schon viel Unwohlsein, Zwänge und Ängste verursacht. Ich habe es schon einmal gesagt: Man kann sich nicht ungestraft mit dem Teufel einlassen. Darum verstehst du jetzt sicherlich noch besser, warum ich dich so eindringlich vor dieser Musik warne.

Wähle die Musik, die du hören willst, sorgfältig aus. Höre sie nicht als Berieselung, das heißt, laß den Kasten nicht ständig laufen, sondern laß Musikhören etwas Besonderes sein. Vielleicht als Belohnung nach den Schularbeiten oder vor dem Schlafengehen.

Höre solche Musik, deren Text du verstehen und bejahen kannst, die dich froh macht oder zum Nachdenken anregt. Es gibt so viel ansprechende christliche Musik mit guten Texten und flotten Rhythmen. Frag mal deine Eltern oder stöbere selbst in einem Katalog. Letzten Endes bist du überhaupt nicht auf „weltliche" Musik angewiesen. Alles, was du brauchst — auch die Unterhaltung, — kannst du bei christlichen Sängern und Musikern finden.

Aber am Allerschönsten ist es natürlich, wenn du selbst singen oder ein Musikinstrument spielen kannst

Vielleicht haben dir deine Eltern früher einmal Musikunterricht geben lassen. Frisch deine Kenntnisse wieder auf und mach mutig weiter. Es ist noch kein Meister vom Himmel gefallen. Es gehört schon fleißiges Üben dazu. Auch wenn du bis jetzt noch kein Instrument spielen kannst, bist du noch nicht zu alt dazu. Eine Flöte, eine Mundharmonika oder eine Gitarre läßt sich sicher irgendwo auftreiben, um die ersten Anfänge zu versuchen.

Kannst du nein sagen?

Zum ausgeflipppten Leben, zur heißen Musik und zur Verherrlichung des Teufels gehören meist auch Drogen. Drogen sind chemische oder pflanzliche Stoffe, die einen Menschen in einen Rauschzustand versetzen. Es ist erschreckend, wie diese gefährlichen Dinge von manchen verharmlost werden. Der Gebrauch von Drogen kann einen Menschen für sein ganzes Leben unheilbar krank und süchtig machen. Viele sind schon daran gestorben.

Da muß ich wieder von der Bravo sprechen. In einer Ausgabe brachte sie eine Bildergeschichte, in der die Anwendung von Heroin (das ist eins der gefährlichsten Rauschmittel) genau beschrieben wurde. Ohne jedes warnende Wort gegen Drogen. Das hat der Zeitschrift viel Ärger eingebracht. Beinahe wäre nämlich die Herausgabe verboten worden. Leider hat es nicht geklappt.

Kannst du dir vorstellen, daß so eine Bildgeschichte einen dreizehnjährigen Leser, der sowieso schon unglücklich und unzufrieden ist, neugierig macht? Es wird ihm vorgegaukelt, man bekäme schöne Gefühle, wenn man Marihuana oder Haschisch rauche, und könne seinen ganzen Kummer vergessen. Verschwiegen wird aber, daß man von solchen Mitteln süchtig wird und in der Regel nach immer stärkeren Mitteln greift, die schließlich die Gesundheit und den ganzen Menschen ruinieren.

Das betrifft aber nicht nur die Mittel, die allgemein als Drogen bezeichnet werden und die du hoffentlich niemals in deinem Leben in die Hände bekommst. Für Suchtmittel wie Alkohol oder Nikotin, die für jeden ohne viel Mühe erreichbar sind, gilt im Grunde das gleiche. Sie können deiner Gesundheit ebenso Scha-

den zufügen. Ganz abgesehen von den Dummheiten und Gewalttaten, die ein betrunkener Teenager - natürlich auch ein Erwachsener - anstellt, zerstört ständiger Alkoholgenuß die Leber und kann Nikotin Krebs hervorrufen. Dabei ist ein Teenager noch mehr gefährdet als ein ausgewachsener Mensch, weil sich seine Organe noch im Wachstum befinden.

Warum greifen denn Teenager nach diesen Dingen? Rauchen, Jugendalkoholismus und Drogenabhängigkeit sind ein Riesenproblem in unserem Land. Ich glaube, zunächst sind viele Erwachsene ein schlechtes Vorbild. Obwohl sie um die Schädlichkeit wissen, rauchen und trinken sie trotzdem zu viel und zu häufig. Wenn sie es nur in Maßen täten, wäre es halb so schlimm. Aber sie beschränken sich ja nicht! Da denkt sich natürlich mancher Teenager, daß die Gefahr nicht so groß sein kann. Sie ist aber groß! Und wenn Erwachsene ehrlich wären, würden sie zugeben, daß sie nicht mehr aufhören können, weil sie schon süchtig geworden sind.

Ich will dir drei Gründe nennen, die auch dich verführen könnten, damit anzufangen: Erstens, weil du meinst, es gehöre zum Erwachsensein, zweitens, weil du neugierig bist, und drittens, weil du Angst hast, ausgelacht zu werden

Schaut man sich die Werbung auf Plakaten oder im Fernsehen an, dann kann man den Eindruck bekommen, daß erst eine Zigarette im Mundwinkel und ein Glas Bier oder Whishy einen Mann zum Helden und eine Frau zur Dame machen. Ich denke an den sympathischen Muskelprotz, der nach einem wilden Ritt durch die Prärie lässig seine Zigarettenpackung zieht oder an die verführerische Dame, die einem Kreis von strahlenden Verehrern elegant zuprostet. Angesichts

dieser glitzernden Welt muß man sich ja wie ein kleiner Junge oder wie ein dummes Mädchen vorkommen, wenn man mit leeren Händen dasteht.

Neugierde, oftmals gepaart mit Langeweile, hat schon manch einen ins Unheil gestürzt. Dazu kommt der Grupppendruck: „Na los, mach schon mit! Sei keine Memme! Du bist wohl ein Muttersöhnchen?!" Solche Sprüche können dir schon das Blut in den Kopf treiben, wenn die Bierflaschen weitergereicht oder Zigaretten verteilt werden.

Kannst du nein sagen? Vielleicht wird die nächste Klassenfahrt schon zu einem großen Test für dich. Natürlich wird man dich hänseln, wenn du nicht mitmachst. Aber zeig den andern, daß du deiner Sache sicher bist. „Aus dem Alter bin ich schon längst raus", könntest du lässig sagen. Oder: „Wenn ihr euch kaputtmachen wollt, dann ohne mich."

Denk dran, die meisten, die dich verspotten, machen doch nur mit, weil sie nicht den Mut haben, den du gerade gezeigt hast. Und noch eins: Viele Teenager respektieren Jungen und Mädchen, die Rückgrat und einen eigenen Willen beweisen, auch wenn sie verlacht und gehänselt werden. Mit dieser Haltung gewinnst du auf jeden Fall mehr Achtung, als wenn du mit einem schlechten Gewissen alles mitmachst.

Kann man in der Schule auch Falsches lernen?

Komische Frage, denkst du vielleicht. Man geht doch in die Schule, um das Richtige zu lernen!

Nun, im großen und ganzen ist alles richtig, was du in der Schule lernst. Ich bin ja selbst Lehrer gewesen und weiß, daß sich die meisten Lehrer sehr viel Mühe geben. Trotzdem gibt es unter Lehrern und Schulbuchautoren Weltverbesserer, die unsere Gesellschaft ändern und Familienleben sowie den Glauben an Gott abschaffen wollen.

Wenn du manche Schulbücher aufmerksam liest, wirst du merken, daß zum Beispiel Eltern nicht sehr freundlich behandelt werden. Sie werden als altmodisch und ungerecht hingestellt. Angeblich nutzen sie ihre Kinder aus, mißhandeln sie sogar und wollen immer nur ihre Ruhe haben.

Natürlich gibt es schlimme Eltern. Aber nicht alle sind so. Der Grund, warum manche Schulbuchautoren die Familie so schlecht machen, liegt darin, daß sie sie einfach abschaffen wollen. Deswegen sind sie ständig dabei, das Familienleben in düsteren Farben zu beschreiben. Sie wollen dich beeinflussen, damit du deine Eltern nicht mehr magst und später auch keine Lust hast, eine Familie zu gründen.

Leider ist das die Wahrheit! Achte einmal darauf, ob solche Dinge auch in deinem Unterricht oder in deinen Schulbüchern vorkommen. Wenn ja, dann laß dich nicht anschmieren, sondern verteidige die Familie.

Ähnlich ist es bei dem Thema Sexualität. Im Biologieunterricht werdet ihr über die Entwicklung des Menschen, den Unterschied von Mädchen und Jungen und auch über Geschlechtsverkehr sprechen. Vielleicht habt ihr es schon getan. Es ist gut, darüber Bescheid zu wissen. Aber was häufig verschwiegen oder falsch dargestellt wird, ist die Tatsache, daß die geschlechtliche Liebe in die Ehe hineingehört. Das geschlechtliche Ausprobieren ist die schlechteste Vorbereitung auf eine gute Ehe. Für Christen ist das, was heute häufig im Biologieunterricht zur Sexualität gesagt wird, nicht akzeptabel. Aber auf dieses Thema gehe ich noch in einem späteren Kapitel ein.

Die demokratische Gesellschaft und die Arbeitswelt in Deutschland ist manchen Lehrern — die nennen sich dann gern emanzipiert — auch ein Dorn im Auge. Sie kritisieren alles und möchten dir einreden, daß du nur ausgenutzt wirst und daß es dir schlecht geht. Alle Reichen sind böse und beuten andere aus, erklären sie. Die Armen dagegen sind gut und müssen sich wehren. Arbeit ist nach ihren Worten langweilig und ungesund. Außerdem wird man sowieso zu schlecht bezahlt. Von unserer Gesellschaft wird hauptsächlich nur Schreckliches berichtet: Lieblosigkeit, Krankheit, Ungerechtigkeit und Grausamkeit. Die Fortschritte und das Gute werden kaum erwähnt.

Und wenn du verstört fragst, warum unsere Welt so schrecklich ist, dann wird dir gesagt: ,,Es liegt halt an unserer schlechten Gesellschaft, die dir nichts Gutes gönnt. Wenn du aber mithilfst, sie zu beseitigen, dann wird alles besser."

So einfach geht das nicht, obwohl es eine ganze Menge solcher Menschen gibt, die andere ausnutzen und ihnen das Leben schwermachen. Aber es gibt daneben auch viel Gutes und Schönes auf dieser Erde. Das wird zu oft verschwiegen. Mach nur deine Augen auf, dann wirst du es auch entdecken.

Und was die Politik betrifft: Das Zusammenleben wird nicht besser, wenn wir eine Regierung einfach abschaffen und durch eine andere ersetzen. Das Zusammenleben kann nur besser werden, wenn die Menschen sich verändern. Und das geht nur, wenn sie Jesus in ihr Herz aufnehmen und sich von Gottes Liebe und Barmherzigkeit leiten lassen.

Wenn solche Themen in der Schule vorkommen, solltest du dich mit deinen Eltern und anderen christlichen Freunden darüber unterhalten, damit du erfährst, wie sie darüber denken. Und dann kannst du dir unabhängig von den anderen deine Meinung darüber bilden.

Was soll ich denn nun glauben?

Du wirst wahrscheinlich wenig Lehrer und Schulkameraden finden, die so an Jesus und die Bibel glauben, wie du es vielleicht von zu Hause und von deiner Kindergruppe gewohnt bist. Das könnte dich traurig machen, aber ich möchte dich ermutigen: Du glaubst das Richtige und solltest daran festhalten!

Auch wenn es in deiner Umgebung nur wenige Christen gibt — in der ganzen Welt gibt es Millionen von bibelgläubigen Christen. Es gibt Gemeinden in der Welt, da kommen an jedem Sonntag mehr als zehntau-

send Menschen zu einem Gottesdienst zusammen, Menschen, die Jesus von ganzem Herzen lieben. Ich weiß von Schulen in Deutschland, da treffen sich jeden Tag Schüler, um zusammen zu beten. Neulich hat mir ein guter Freund erzählt, daß sich eine ganze Schulklasse bekehrt hat und nun mit ihrem Lehrer jeden Tag betet. Ich sage dir das für den Fall, daß du meinst, es gäbe nicht viele Christen, weil du so wenige um dich herum siehst.

Wenn du einen Religionslehrer oder Pfarrer hast, der nicht wirklich an Jesus glaubt, kann es sein, daß er dir falsche Dinge über die Bibel und Gott sagt. Manche meinen, Gott sei so etwas wie eine Idee oder etwas, was sich Menschen ausgedacht hätten. Für sie ist Gott nicht wirklich da. Dabei sagt die Bibel, daß Gott die Erde geschaffen hat und jeden Menschen sehr liebhat. Wir lesen auch, daß jeder Mensch einmal persönlich vor Gott treten muß, um Rechenschaft über sein Leben auf der Erde abzulegen.

Für manchen ist Jesus Christus vielleicht ein guter Mensch gewesen oder ein Revolutionär, der schon längst gestorben ist. Dabei ist er Gottes Sohn, der auferstanden ist und heute noch Schuld vergibt.

Die Wunder, die Jesus getan hat, seien Märchen, die die Leute später erfunden hätten, sagen einige. Aber ich glaube, daß sie so geschehen sind, wie es die Bibel berichtet. Viele Menschen zweifeln die Bibel an und meinen, daß sie ein Buch ist, in dem Menschen ihre eigenen Gedanken aufgeschrieben hätten. Dabei können wir genau nachlesen, daß der Heilige Geist die Menschen angeleitet hat, alles genauso aufzuschreiben, wie Gott es haben wollte. Deshalb können wir allem glauben, was wir in der Bibel lesen.

Es wird dir vielleicht auch gesagt, Jesus Christus sei

nicht der einzige Weg zu Gott, sondern nur eine unter vielen Möglichkeiten. Man könne genauso durch andere Weltreligionen, durch den Islam oder den Hinduismus, oder durch eigene Anstrengungen, durch Meditation oder einen guten Lebenswandel zu Gott finden. Das stimmt nicht! Die Bibel sagt, daß Jesus der einzige Weg zu Gott ist, daß nur er die Wahrheit sagt und nur bei ihm wahres Leben zu finden ist.

Und dann gibt es die Behauptung, der Mensch sei ganz allmählich, über einen langen Zeitraum, entstanden. Wahrscheinlich habe er sich aus einem Affen in einen Menschen verwandelt.

Wie gesagt, das ist eine Behauptung, beweisen konnte es bisher noch niemand. Da ist es schon besser, dem zu trauen, was wir in den Bibel lesen; daß Gott die ganze Erde und den Menschen geschaffen hat, nicht aus einem Affen, sondern sich selbst ähnlich.

Allerdings hat sich der Mensch gegen Gott schwer versündigt, ist in Sünde gefallen und lebt nun von ihm getrennt. In jedem Menschen gibt es diesen Drang, Böses zu tun. Auch in dir und mir. Jeder braucht die Erlösung und die Hilfe von Jesus Christus, um über das Böse in sich selbst Herr zu werden. Vorher wird es keinen Frieden auf der Erde geben. Es stimmt nicht, daß der Mensch in seinem Kern gut ist und die böse Gesellschaft und die unfähigen Eltern ihn schlecht gemacht haben. Man kann die Schuld nicht einfach auf andere schieben.

Ich habe dir jetzt einen langen Vortrag gehalten. Aber ich denke, es war wichtig. Vielleicht machst du erst einmal eine Pause beim Lesen und denkst darüber nach, ob du das wirklich alles verstanden hast. Wenn nicht, lies es ruhig noch einmal durch oder frag deine Eltern oder einen guten Freund.

Wie steht es mit der Liebe?

Jetzt möchte ich noch ein Thema anschneiden, auf das du sicher schon gewartet hast: das Thema Freundschaft und Liebe.

In den nächsten Jahren wirst du mehr und mehr Interesse an Menschen des anderen Geschlechtes gewinnen und ganz neue Gefühle entdecken. Sie werden dich vielleicht ganz schön durcheinanderbringen. Als Junge wirst du dich von Mädchen angezogen fühlen, und trotzdem wird es dir vielleicht peinlich sein, wenn du dich zum ersten Mal mit einem Mädchen unterhältst. Manch einer kommt sich dabei wie ein Chamäleon vor: die Gesichtsfarbe wechselt laufend von blaß zu rot und umgekehrt. Wenn du ein Mädchen bist, wirst du dich dabei ertappen, häufig an einen bestimmten Jungen zu denken und ihn oftmals nicht aus deinen Gedanken zu bekommen.

An diesem Verliebtsein ist überhaupt nichts Schlechtes. Im Gegenteil: es ist etwas Wunderbares. Gott hat es so eingerichtet, damit sich der Mensch einmal eine eigene Familie wünscht.

Geschlechtliches Verlangen

Gott hat auch geschlechtliches Verlangen in den Menschen hineingelegt. Gewinnt ein Mann eine Frau lieb, wünscht er sich nach der Zeit des Kennenlernes, sie zu streicheln, zu küssen und ihr körperlich nahe zu sein. Genauso sucht eine Frau bei dem Mann, den sie liebt und verehrt, körperliche Geborgenheit. Bei diesen Gefühlen erwacht das geschlechtliche Verlangen. Dann möchten die beiden auch gern den Höhepunkt körperlicher Nähe erleben, den Geschlechtsverkehr, bei dem der Mann sein Glied in die Scheide seiner Frau führt und beide durch die Bewegung des Gliedes einen gefühlsmäßigen Höhepunkt verspüren.

Dieses schöne Erlebnis gehört allerdings — wie es die Bibel sagt — in den Schutz und in die Geborgenheit einer vor Gott geschlossenen Ehe. Junge Menschen müssen lernen, darauf zu warten. Viele wollen das

nicht einsehen und versündigen sich deshalb. Sie meinen, man könnte Geschlechtsverkehr haben, wann einem gerade danach zumute ist.

Auch in dir wird einmal geschlechtliches Verlangen wach werden. Das ist völlig normal, Gott hat dich so geschaffen. Er erwartet aber, daß du dein Verlangen beherrschst und die Zeit bis zur Ehe abwarten kannst. Auch wenn es noch viele Jahre dauern wird, faß schon jetzt den Entschluß dazu, deinen Körper für die Person aufzuheben, die du einmal heiraten wirst. Damit befolgst du Gottes Wort und bereitest deinem zukünftigen Ehepartner das schönste Geschenk, daß man einem Menschen in der Ehe machen kann.

Viele, die dies nicht befolgt haben, haben sich und ihrem Ehepartner große Probleme bereitet. Manche Ehe ist gerade deswegen gescheitert.

Ich sage das so eindringlich, weil dir von vielen Seiten gerade das Gegenteil empfohlen wird. Ich denke dabei zum Beispiel an die in diesem Buch schon zitierte Bravo, die von über der Hälfte aller Teenager in deinem Alter gelesen wird. Sie vermittelt ein vollkommen falsches Bild von Freundschaft, Liebe und Sexualität. So bringt die Serie: ,,Bravo-Aufklärung. Liebe und Sex zwischen 15 und 17`` regelmäßig schamlose Berichte über den Wunschtraum des ersten Geschlechtsverkehrs und das, wie der Titel es sagt, von 15- bis 17jährigen. Diese Berichte sollen angeblich von Teenagern sein. Nachdem ich mehrere gelesen habe, kann ich mich des Eindrucks nicht erwehren, daß sie der schmutzigen Phantasie einiger Erwachsener entstammen.

Diejenigen, die die ,,freie Liebe`` anpreisen, verschweigen die schlimmen Folgen, die sichtbar werden, wenn man sich nicht an Gottes Weisungen hält.

Zuallererst ist da das schlechte Gewissen. Es plagt viele, weil sie ahnen, daß es falsch ist, vor der Ehe Geschlechtsverkehr zu haben. Dann das seelische Leid derer, die von ihrem Partner enttäuscht und verlassen worden sind. Oder die Schuld der Abtreibung bei einem ungewollten Kind oder die unehelichen Kinder, die ohne die Geborgenheit einer heilen Ehe aufwachsen müssen. Darüber hinaus verfolgt das Schreckgespenst der zahlreichen Geschlechtskrankheiten mit ihren körperlichen Qualen alle die, die häufig mit verschiedenen Menschen Geschlechtsverkehr haben. Gott hat schon seine Gründe, wenn er den unverantwortlichen Umgang mit der Sexualität eindeutig verbietet. Nicht weil er den Menschen keinen Spaß und keine Freude gönnt, sondern weil er sie vor den katastrophalen Folgen eines falschen Lebensstiles bewahren will.

Selbstbefriedigung

Unter Selbstbefriedigung versteht man, daß ein Junge sein Glied streichelt, bis er einen Samenerguß bekommt, oder ein Mädchen ihre Scheide, bis sie einen gefühlsmäßigen Höhepunkt, den Orgasmus, erlangt.

Das tun sehr viele Jungen und Mädchen während ihrer Teenagerzeit. Sogar manche Erwachsene kommen von dieser Gewohnheit nicht los.

Nun ist ein Junge wesentlich anfälliger für eine Selbstreizung seines Geschlechtsteils als ein Mädchen. In seinem Körper werden nämlich ständig Samenzellen hergestellt und gespeichert. Diese Samenzellen stößt der Körper normalerweise in unregelmäßigen Abständen selbständig von sich; in der Regel im Schlaf während eines nächtlichen Samenergusses. Oft ist dieser Samenerguß mit einem erregenden Traum und schönen Gefühlen verbunden. Deswegen kann ein Junge verleitet werden, dieses Hochgefühl durch Reiben seines Gliedes bewußt herbeizuführen. Bei Mädchen liegt diese biologische Ursache nicht vor. Deswegen haben sie es in diesem Punkt etwas leichter. Am besten ist es, du fängst mit der Selbstbefriedigung erst gar nicht an.

Früher hat man viele Schauergeschichten zur Selbstbefriedigung erzählt. Sie würde den jungen Menschen krank und schwächlich machen, sogar geisteskrank. Das stimmt natürlich nicht. Aber es ist auch nicht richtig, so zu tun, als wäre Selbstbefriedigung die harmloseste Sache der Welt und es würde dir — wie manche sagen — nur gut tun, deinen eigenen Körper auf diese Art zu erforschen.

Allein die Menschen, die trotz aller Aufklärung ein schlechtes Gewissen dabei haben und sich schmutzig fühlen, und die armen Gestalten, die einfach nicht damit aufhören können und es immer und immer wieder tun müssen, sind ein Beweis dafür, daß Selbstbefriedigung zu einer Sucht werden kann. Außerdem führt häufige Selbstbefriedigung dazu, daß sich die betreffende Person zu sehr um sich selbst dreht. Das kann bei dem Aufbau einer tiefergehenden Freundschaft durchaus hinderlich sein. Und in einer Ehe werden sie dadurch ihrer geschlechtliche Erfüllung beraubt. Weil das so ist, muß man Selbstbefriedigung als Sünde bezeichnen.

Ich wünsche dir, daß dies in deinem Leben niemals ein großes Problem wird. Darum der Ratschlag: Laß von vornherein die Finger davon. Und wenn du doch in Versuchung kommst: Sieh zu, daß es so selten wie möglich geschieht.

Übrigens, wenn du dich um eine reine Phantasie bemühst und sexuell aufreizende Bilder auf Plakaten und in Zeitschriften einfach nicht anschaust, wirst du viel besser durchkommen. Selbstbefriedigung ist nämlich zum größten Teil ein Problem von Teenagern, die viel Langeweile haben und einsam und freudlos sind. Sie suchen in diesem Lusterlebnis einen Ersatz für die fehlende Lebensfreude.

Nacktheit und Schamgefühl

Im Vergleich zu früher hat sich in der Einstellung zur Sexualität heute viel geändert. Gut ist, daß man nicht mehr verschämt darüber schweigen muß, sondern offen darüber sprechen kann. Schlimm ist, daß es viele Menschen übertreiben und meinen, daß man alles zur Schau stellen darf.

Zum Beispiel findest du in Badeanstalten, an Stränden und auch beim Sonnenbaden in Parks immer häufiger Menschen vor, die sich „oben ohne" oder auch ganz nackt zeigen. Viele von ihnen kommen sich ganz toll oder modern vor.

Wie weit darf ein Mensch dabei gehen?

Die Bibel sagt, daß nur in der Vertrautheit der Ehe alle Hüllen abgelegt werden dürfen und wir uns in der Öffentlichkeit ordentlich kleiden sollen. Wird das nicht eingehalten, können durch das Anschauen sexuelle Wünsche wach werden, die nur dem Ehepartner gelten sollten. Jesus sagt es selbst: „Wer ein Weib ansieht, ihrer zu begehren, der hat in seinem Herzen schon Ehebruch mit ihr begangen" (Matthäus 5,28).

Gott hat auch in jeden Menschen eine Schutzfunktion gegen übertriebene Zurschaustellung hineingelegt: das Schamgefühl. Leider haben sich viele Menschen dieser natürlichen Scham in sexuellen Dingen entledigt.

Du kennst es sicher auch. Meistens ist das Schamgefühl zu Beginn der Pubertät besonders stark. Zum Beispiel genierst du dich, mit deinen Geschwistern zusammen in die Badewanne zu steigen und dich von ihnen ungeniert anstarren zu lassen. Besonders Mädchen geht das so. In der Badeanstalt verbringen manche tolle Kunststücke, um sich, geschützt vor den Blicken anderer, unter einer Wolldecke umzuziehen. Der Sexualkundeunterricht in der Schule ist fast immer von roten Köpfen, Gekichere und schmutzigen Witzen begleitet, weil dieses Thema so spannungsgeladen ist.

Sich zu schämen und seinen sich entwickelnden Körper vor den Blicken anderer zu schützen, ist eine ganz normale, menschliche Reaktion. Dieses Empfinden solltest du dir nicht rauben lassen, auch wenn sich andere über dich lustig machen.

Scham gehört zum Menschsein. Nur Tiere schämen sich in sexueller Hinsicht nicht. Hunde begatten sich öffentlich mitten auf einer Straße, wenn ihre Sexualhormone wirken. Allein das zu sehen, ist manchen Menschen schon peinlich. Wenn ein Mensch sich nackt zur Schau stellt, begibt er sich auf die Stufe eines Tieres, das keine Scham kennt.

Homosexualität

Vielleicht wunderst du dich, daß ich auch über Homosexualität sprechen möchte. Ich tue es deshalb, weil du früher oder später einmal davon hören oder vielleicht sogar damit in Berührung kommen wirst. Unter Homosexualität versteht man eine gleichgeschlechtliche

Zuneigung und sexuelle Erregung. Gemeint ist, daß ein Mann mit einem Mann oder eine Frau mit einer Frau zärtlich ist und sie sich einander geschlechtlich erregen. Wenn das zwei Frauen miteinander tun, spricht man auch von ,,lesbischer Liebe".

Viele meinen heutzutage — und so steht es natürlich auch in der Bravo —, daß Homosexualität etwas Harmloses sei, nur eine andere Form von Sexualität. Die Bibel verurteilt sie jedoch als Sünde, weil der Mensch seine eigene Geschlechtlichkeit verdreht und nicht so lebt, wie er von Gott geschaffen wurde.

Laß dich niemals von einem anderen Jungen beziehungsweise einem anderen Mädchen verleiten, euch gegenseitig zu streicheln und zu erregen; erst recht nicht von einem Erwachsenen. Wenn das jemals geschehen sollte oder du ein sexuelles Empfinden einem Menschen deines Geschlechts gegenüber in dir entdeckst, sprich mit deinen Eltern darüber oder mit einer Person, zu der du Vertrauen hast, damit sie dir helfen und mit dir beten können.

Freundschaft und Liebe

Die meisten Teenager haben es heute furchtbar eilig, eine Freundin oder einen Freund zu finden. Wenn ein Mädchen mit 15 Jahren noch keinen Freund vorweisen kann, wird sie von ihren Klassenkameradinnen häufig nicht für voll genommen oder als Mauerblümchen abgestempelt. Umgekehrt gilt das natürlich auch. Freund oder Freundin ist für manche in deinem Alter ein Gesprächsthema, das sie bis in ihre Träume verfolgt.

Und gerade das ist nicht gut! Wenn du jetzt vierzehn oder fünfzehn Jahre alt bist, dann ist es zunächst einmal wichtig, daß du mit deinem eigenen Leben klarkommst. In dem Durcheinander, das die Pubertät in dir anrichtet, mußt du erst einmal eine eigene Persönlichkeit werden. Alles Herumflirten mit dem anderen Geschlecht hindert dich nur daran.

Darum nimm auch noch diesen Ratschlag von mir an: Laß dich nicht auf die Teeny-Liebeleien und Schmusereien um dich herum ein.

Was du jetzt als Junge brauchst, ist ein guter Freund oder als Mädchen eine treue Freundin. Möglichst jemanden, mit dem oder mit der du über alles sprechen und auch beten kannst.

Zeig in deiner Schulklasse oder wo du sonst junge Menschen triffst, immer eine Haltung der Höflichkeit und des Respektes vor dem anderen Geschlecht. Das gilt vor allem für die Jungen: Bewahre dir reine Gedanken und mach die schmutzigen Sprüche nicht mit. Das wird dich bei den Mädchen beliebt machen. Und als Mädchen: Achte darauf, daß dir kein Junge zu nah kommt. Mach deutlich, daß du eine Persönlichkeit bist, die man nur mit Achtung und Höflichkeit gewinnen kann. Dann wirst du viele heimliche Verehrer haben.

Wenn du später einmal nach einem Freund oder nach einer Freundin Ausschau hältst — und welcher Teenager sehnt sich nicht danach —, dann triff die Wahl nur unter gläubigen Menschen. Mit einer anderen Freundschaft wirst du niemals die richtige Grundlage für ein zukünftiges Eheleben finden können.

Die Bibel sagt: ,,Ziehet nicht am gleichen Joch mit Ungläubigen! Denn was haben Gerechtigkeit und Gesetzlosigkeit miteinander zu schaffen? Was hat das Licht für Gemeinschaft mit der Finsternis? Oder was hat der Gläubige gemeinsam mit dem Ungläubigen?'' (2.Korinther 6,14-15).

Mit ungläubigen Menschen kannst du sicherlich kameradschaftlich Gemeinschaft pflegen und ihnen deinen Glauben an Jesus bezeugen. Aber eine tiefe Freundschaft wird nicht möglich sein. Darunter verstehe ich nämlich, daß man die wichtigsten Dinge miteinander teilt. Daß man gemeinsam über den Glauben an Jesus Christus sprechen und vor allem miteinander beten kann. Und das ist mit einem ungläubigen Freund oder einer ungläubigen Freundin einfach nicht möglich.

Und noch ein letztes Wort zur Liebe. Die meisten Teenager haben davon eine falsche Vorstellung. Für sie ist Liebe ein seltsames, kitzeliges Gefühl, das kommt und geht, wie es will. Es flattert wie ein Schmetterling von einer Blüte zur anderen und ist nicht unter Kontrolle zu bekommen. Wie können sie auch anders denken? Nahezu täglich bekommen sie es in Schlagern, Filmen und Illustrierten so vorgesetzt.

Neulich machten meine Frau und ich einen Abendspaziergang. Zum Abschluß setzten wir uns in ein Restaurant. Und schon dudelte der uralte Schlager mit seiner eingängigen Melodie aus dem Lautsprecher: „Die Liebe ist ein seltsames Spiel, sie kommt und geht von einem zum anderen …"

Wächst ein Teenager einzig und allein mit dieser Vorstellung von Liebe auf, dann wird seine Freundschaft und die spätere Ehe, wenn es überhaupt soweit kommt, garantiert nicht von Dauer sein. Auf solch einem wackeligen Fundament kann keine Beziehung aufgebaut werden.

Wenn zwei junge Menschen Zuneigung verspüren und sich ineinander verlieben, muß zu diesem Verliebtsein der Willensentschluß kommen, diesem Menschen ein Leben lang treu zu bleiben — in guten wie in schlechten Tagen. Das ist nämlich das Versprechen, das du einmal deinem Ehepartner vor dem Traualtar geben wirst. Zur richtigen Liebe gehört die willentliche Entscheidung, dem liebgewonnenen Menschen treu zu sein und ihm zu dienen. Diese Hingabe allein wird dann das Gefühl des Verliebtseins ein ganzes Leben lang aufrechterhalten können.

Diese Entscheidung muß man sich gut überlegen. Als Teenager mit fünfzehn oder sechzehn Jahren kannst du sie einfach noch nicht treffen!

Zunehmen
an Wachstum
und Reife

Dein Weg ins Erwachsenenalter kommt mir vor wie die Teilnahme an einer ,,Rallye Monte Carlo". Strahlend und siegesgewiß stehen die jungen Helden mit ihren PS-strotzenden Schlitten am Start. Sie sind fest überzeugt, daß sie über genug Kondition verfügen und

natürlich den besten Wagen fahren. Trotzdem wird es manch einem erfahrenen Pistenhasen ganz mulmig, wenn er sieht, mit welch einem Überschwang, ja sogar Leichtsinn und Unerfahrenheit manch einer die Rennstrecke bewältigen will.

Und dann geht es los. In klirrender Kälte, auf schneebedeckten, eisigen Straßen und in der „Nacht der langen Messer" müssen sich die Fahrer bewähren. Nervenzerreißende Tests sind zu bestehen. Auf Serpentinen schrauben sich die röhrenden Wagen in die Höhe, auf dem Weg ins Tal kreischen die Reifen über den Asphalt. Es geht durch enge Schluchten und altemberaubende Spitzkehren. Hier bricht ein Wagen aus der Kurve. Fassungslos klettert der aschfahle Fahrer aus dem qualmenden Autowrack. Dort bleibt ein anderer in einem Schneeloch stecken. Nur gut, wenn der gestreßte Fahrer eine genaue Straßenkarte und einen umsichtigen Copiloten zur Seite hat. Ohne sie hätte er wenig Chancen, das Ziel sicher zu erreichen.

Ähnlich spannend sind die nächsten Jahre, die vor dir liegen. Auch du trittst eine Fahrt durch gefährliche Kurven und auf tückischen Eisflächen an. Aber du gehst ja nicht unvorbereitet ins Rennen. Du hast dieses Buch gelesen und weißt um die Prüfungen und Herausforderungen, die auf dich warten. Vor allem kannst du, wenn du nur willst, die genaueste Straßenkarte und den besten Beifahrer bei dir haben: die Bibel und Jesus Christus.

Es gibt drei Möglichkeiten, auf die Herausforderungen der Teenagerjahre zu reagieren:

Ich möchte zunächst einmal von Heino sprechen. Heino gehört zu den Mitläufern. Er will kein Außenseiter sein, folgt den Scharfmachern in seiner Klasse. Er findet das auch ganz reizvoll, obwohl ihm manchmal etwas mulmig zumute ist. Bei jedem Streich, bei jeder Dummheit ist er mit dabei, ob es ums Hänseln von Klassenkameraden geht oder um schmierige Zeitschriften. Als sie neulich zu dritt am Kiosk Zigaretten gemopst haben, ging ihm das eigentlich zu weit, aber er wollte ja kein Weichling sein.

Solche Heinos gibt es viele. Oftmals geraten sie in immer schlimmere Situationen. Welche Folgen das für ihr persönliches Leben und für die Beziehung zu ihren besorgten Eltern hat, interessiert sie zunächst gar nicht. Häufig verlassen diese rebellischen Jugendlichen, sobald sie es nur können, ihr Elternhaus.

Heike ist da schon etwas vorsichtiger. So ganz möchte sie es ja mit ihren Eltern auch nicht verderben. Sie gehört zu den Doppelgängern. Solche Teenager meinen, zwei Leben führen zu können. Kaum ist Heike außer Haus, da macht sie alle Zoten mit, aber vor ihren Eltern spielt sie die brave Tochter. Widerwillig trottet sie am Sonntag mit zum Gottesdienst und hofft inständig, daß keiner ihrer Freunde mitbekommt, daß sie fromme Eltern hat.

Auf die Dauer wird das ein recht anstrengendes Leben. Es ist halt nicht so einfach, mit einem Fuß im Rinnstein und mit dem anderen Fuß auf dem Bürgersteig zu hinken. Weder das eine noch andere kann Heike richtig genießen. Und dann ist da noch das ständig schlechte Gewissen... Hoffentlich trifft Heike bald eine Entscheidung, was sie mit ihrem Leben vorhat.

Ich möchte dir eine dritte Möglichkeit vorschlagen. Es ist ohne Zweifel die beste. Nimm Jesus Christus als Beifahrer in deinen Lebenswagen auf und studiere eine ordentliche Straßenkarte, nämlich die Bibel. Dann wirst du wissen, wo es überhaupt langgeht. Triff heute die Entscheidung, dein Leben unter die Herrschaft Jesu Christi zu stellen und seinen Geboten in der Bibel zu folgen.

Ich will dir die Geschichte von einem Teenager namens Eberhard erzählen. Wahrscheinlich brauchst du nicht viel Phantasie, um zu erkennen, daß ich dieser Teenager bin. Ich bin in einem guten, christlichen Elternhaus aufgewachsen. Meine Eltern haben mich liebgehabt und mir alles gesagt, was zum Christsein gehört. Ich verhielt mich auch mehr oder weniger danach. Aber zu einem wirklichen Christen konnten sie mich durch ihre Erziehung nicht machen. Je älter ich wurde, um so deutlicher spürte ich, daß ich mich selbst entscheiden mußte. Ich gehörte zu den oben beschriebenen Doppelgängern. Zu Hause versuchte ich brav zu sein und den frommen Kram mitzumachen, aber in der Schule und bei den Nachbarjungen nahm ich mit schlechtem Gewissen an einigen Dingen teil, von denen ich wußte, daß ich lieber die Finger davon hätte lassen sollen.

Dann saß ich mal wieder im Gottesdienst; es war zufällig Karfreitag. Die Predigt interessierte mich nicht sonderlich. Ich schaute auf die Uhr, zählte gelangweilt die Butzenscheiben der Kirchenfenster und überlegte, was ich wohl mit so einem langweiligen Feiertagsnachmittag anstellen könnte. Da traf mich ein Satzfetzen der Predigt wie ein Hammerschlag: ,,Nur die Begegnung mit dem auferstandenen Herrn kann dich erretten ...‘‘

Plötzlich war ich putzmunter. Wie in einem Film lief mein kurzes Leben vor meinen inneren Augen ab. Ja, ich hatte alles mitgemacht. Ich war zur Kinderstunde gegangen, ich hatte beim Gebet die Hände gefaltet und brav in der Bibel gelesen. Aber eine Begegnung mit dem auferstandenen Herrn, eine persönliche Beziehung zu Jesus konnte ich nicht aufweisen. Diese Erkenntnis traf mich wie ein Schlag. Plötzlich wurde mir mein Doppelgängerleben und meine Gottesferne bewußt.

An diesem Nachmittag irrte ich durch die Wälder unserer Stadt und stellte mir immer wieder die gleichen Fragen: Wie kann ich Jesus Christus begegnen, wie kann ich mit Sicherheit wissen, daß er wirklich auferstanden ist und lebt? Ich wollte die Antworten unbedingt wissen.

In meiner Hilflosigkeit rief ich unseren Pastor an. Aufgeregt sprudelte ich am Telefon mein Anliegen heraus. Dann radelte ich zu ihm, und wenig später erklärte er mir, wie ich zu Gott finden könnte.

,,Schau", sagte er, ,,du kommst dir vor, als stünde eine Mauer zwischen dir und Gott. Du weißt, daß es ihn gibt und möchtest auch Frieden in deinem Herzen haben, aber irgendwie kannst du nicht durchdringen."

Erstaunt nickte ich. Genauso war mir zumute. Aber wie konnte ich diese Mauer beseitigen?

Dann las er mir Jesaja 59, 1-2 vor: ,,Siehe, die Hand des Herrn ist nicht zu kurz, um zu helfen, und sein Ohr nicht so taub, daß er nicht hörte; sondern eure Missetaten scheiden euch von eurem Gott, um eurer Sünde willen hat er sein Angesicht vor euch verhüllt, daß er nicht hört." Danach wußte ich, was ich zu tun hatte.

Es war, als hätte ich eine Stimme in mir, die sagte: ,,Eberhard, die Dinge, die du in der letzten Zeit so heimlich angestellt hast, die sind wie eine Mauer zwischen dir und Gott. Deswegen kommst du dir jetzt so verlassen vor und hast keinen Zugang zu Gott."

,,Weißt du, was du jetzt tun solltest?" fragte mich der Pastor. ,,Du solltest dir ein Stück Papier nehmen, dich nach nebenan setzen und einmal alles aufschreiben, was dir an Verfehlungen einfällt. Aber bete vorher, damit dir der Heilige Geist hilft, alles aufzuschreiben," gab er mir noch mit auf den Weg.

Nach einer halben Stunde saß ich wieder in seinem Arbeitszimmer. Ich hatte doch tatsächlich einige Seiten vollgeschrieben mit Dingen, die bereinigt werden mußten: Hier ein Griff in die Haushaltskasse meiner Mutter, dort Unhöflichkeiten und unreine Gedanken. Vor allem war da eine dicke Lüge, die mich anklagte.

Beschämt bekannte ich Jesus alles — vor den Ohren meines Seelsorgers. Das fiel mir nicht leicht, aber ich wollte jetzt ganze Sache machen. Mit spröder Stimme und einem dicken Kloß im Hals, bat ich Jesus um Verzeihung und um ein neues Leben unter seiner Herrschaft.

Wie gut verstand ich den Bibelvers, der mir anschließend vorgelesen wurde: ,,Wenn wir aber unsere Sünden bekennen, so ist er treu und gerecht, daß er uns die Sünden vergibt und uns reinigt von aller Ungerechtigkeit." (1. Johannes 1,9).

Richtig reingewaschen kam ich mir vor. Ich konnte wieder tief durchatmen. Und noch etwas Interessantes geschah: Mir war, als wenn innerlich ein Vorhang zur Seite geschoben wäre, und ich war mit einem Mal völlig überzeugt: ,,Jesus lebt!"

Mein Seelsorger sprach aber noch etwas mit mir durch. Das erwies sich als sehr hilfreich für meinen neuen Weg mit Jesus und mein weiteres Leben: ,,Du solltest jetzt zu deinen Eltern gehen und dich bei ihnen entschuldigen für das, was du ihnen angetan hast. Gib ihnen bitte auch das gestohlene Geld zurück." Dann ging er mit mir noch einmal die ganze Liste durch, und wir überlegten gemeinsam, wie ich die einzelnen Dinge wiedergutmachen könnte.

Seit dieser Lebensübergabe und der gründlichen Bereinigung meiner Vergangenheit hat mich die Gewißheit, daß Jesus lebt, bis auf den heutigen Tag nicht mehr verlassen. Auch nicht bei späteren Rückfällen und in Krisenzeiten. Ich hatte eine Erfahrung mit dem lebendigen Gott gemacht, die nicht mehr auszulöschen war.

Diese Gewißheit eines neuen Lebens in Jesus wünsche ich dir auch. Wenn du sie noch nicht hast und dich danach sehnst, tu doch das gleiche, was ich getan habe. Mach jetzt eine Pause beim Lesen dieses Buches und suche dir einen Platz, an dem du allein bist. Bitte Jesus um Hilfe und schreib alles auf, was zwischen dir und Gott steht. Dann geh zu einem Menschen deines Vertrauens und bekenne diese Sünden in seiner Gegenwart. Nimm Jesu Vergebung an und bring deine Vergangenheit in Ordnung.

Bist du ganz allein und kennst keinen Menschen, dem du dich anvertrauen kannst, dann kannst du dies natürlich auch für dich allein tun. Jesus hört auch so auf dich, obwohl ich hoffe, daß du einen Menschen findest, mit dem du diesen wichtigen Schritt zusammen tun kannst.

Bete in etwa so: ,,Jesus, jetzt habe ich dir alles gesagt, was mir an Sünden eingefallen ist. Bitte, vergib mir diese Schuld und reinige mich von aller Ungerechtigkeit. Du allein sollst mein Herr und Erlöser sein, und nur dir will ich folgen. Bitte, hilf mir dabei. Amen.''

Und wie sieht die Nachfolge aus?

Es gibt einige Punkte, die ein junger Christ befolgen sollte, wenn er Jesus nachfolgen will. David, der große

König der Israeliten sagt etwas darüber: ,,Wie wird ein Jüngling seinen Weg unsträflich gehen? Wenn er sich hält nach deinem Wort! Ich habe dich von ganzem Herzen gesucht; laß mich nicht abirren von deinen Geboten! Ich habe dein Wort in meinem Herzen geborgen, auf daß ich nicht an dir sündige'' (Psalm 119, 9-11).

Habe täglich eine ,,Stille Zeit'' mit deinem Herrn, lies dabei in der Bibel und bete. Vielleicht fängst du mit dem Markusevangelium an und machst dann mit der Apostelgeschichte weiter. Oder du nimmst einen Bibelleseplan, wie du ihn zum Beispiel beim Bibellesebund bekommen kannst. Die beste Zeit ist morgens, vor Beginn eines Tages. Gott will mit dir reden, bevor es andere tun. Nur aus Gottes Wort und dem Gebet erhältst du die Kraft und die innere Ausrichtung, die Wegweisung und die Korrektur, die du brauchst, um den Herausforderungen der Schule und der anderen Menschen gewachsen zu sein.

Die folgenden fünf Punkte sollen dir beim Bibellesen helfen:

1. BETE  daß er dir hilft, den Bibeltext zu verstehen und daraus für dein Leben zu lernen.

2. LIES  in deiner Bibel den Text, der für heute angegeben ist.

3. DENKE

Hilfreiche Fragen:
- Was hast du über Gott, Jesus Christus oder den Heiligen Geist gelesen?

- Steht im Text ein Befehl, eine Verheißung oder eine Warnung?

- Welcher Vers oder welcher Gedanke aus dem Text ist dir am wichtigsten geworden? Schreib diesen Vers in dein Notizheft.

4. BETE  noch einmal und sprich mit Gott über das, was du gelesen hast.

5. HANDLE

Mit freundlicher Genehmigung des Bibellesebundes, Marienheide

Es ist nur verständlich, daß ein junger Christ ab und zu stolpert und Fehler macht. Das gehört zum Wachstum dazu. Wichtig ist nur, die schiefgelaufenen Dinge so schnell wie möglich wieder in Ordnung zu bringen und sich den inneren Frieden und ein gutes Gewissen zu bewahren.

Ich möchte dir einige Ratschläge mitgeben für den Fall, daß du die alten Dinge wieder tust und ganz niedergeschlagen bist. Gottes Wort erwartet drei Schritte von dir:

1. Das Bekenntnis deiner Sünden vor Gott und vor Menschen. ,,Wenn wir aber unsere Sünden bekennen, so ist er treu und gerecht, daß er uns die Sünden vergibt und reinigt uns von aller Ungerechtigkeit" (1. Johannes 1,9).
,,So bekennet denn einander die Sünden und betet füreinander ..." (Jakobus 5,16).

2. Das Unterlassen der Sünde. ,,Wer seine Missetaten verheimlicht, der wird kein Gelingen haben, wer sie aber bekennt und läßt, der wird Barmherzigkeit erlangen" (Sprüche 28,13).

3. Die Wiedergutmachung der Sünde. ,,Wenn ein Mann oder eine Frau irgendeine Sünde begeht ... so sollen sie die Sünde bekennen, die sie begangen haben, und sollen den vollen Wert des Veruntreuten zurückerstatten ..." (4. Mose 5,6.7).

Ich weiß, daß viele Menschen, Teenager wie Erwachsene, es mit der Sünde nicht so genau nehmen. ,,Das machen doch alle", will der eine sich herausreden. ,,Es hat ja keiner gesehen", will ein anderer sich entschuldigen. Gott läßt diese Ausreden nicht durch gehen. Er erwartet, daß wir Sünde bekennen, sie lassen und wieder in Ordnung bringen, sonst schaden wir uns nur selbst: „Wer seine Missetaten verbergen will, wird kein Gelingen haben", steht über dem Leben eines solchen Menschen.

Ich kann dir nur ans Herz legen, diese drei Schritte konsequent zu befolgen, wenn du mal wieder etwas angestellt hast. Das fällt nicht leicht, aber nur so kannst du wieder Frieden mit Gott bekommen und dir ein gutes Gewissen bewahren.

Ehre Vater und Mutter ...

Kannst du dir vorstellen, wie Jesus als Kind gelebt hat? Es steht nicht viel darüber in der Bibel, aber was wir lesen, ist sehr interessant.

Als Jesus zwölf Jahre alt war, so steht es in Lukas 2, da zogen seine Eltern mit ihm zum Passahfest nach Jerusalem. Jesus war voller Begeisterung dabei. Am wohlsten fühlte er sich im Tempel bei den Schriftgelehrten, die zusammensaßen und über das Wort Gottes diskutierten. Da konnte er stundenlang dabeisitzen und ihnen zuhören. Die Lehrer waren erstaunt über sein Bibelwissen und seine klugen Fragen. Jesus war so bei der Sache, daß er alles um sich herum vergaß, selbst die Rückreise nach Nazareth und seine Eltern. Die waren nämlich schon eine Tagesreise entfernt, als sie merkten, daß ihr Sohn gar nicht bei seinen Freunden in der Reisegruppe war. Voller Sorgen und mit Bestürzung eilten sie zurück. Und da fanden sie ihn, wie er seelenruhig mit den Schriftgelehrten debattierte. Daß sie ganz aufgebracht waren, ist ja wohl klar. Jesus versuchte ihnen zu erklären, daß sein Vater im Himmel ihm einen Auftrag gegeben hatte, aber sie verstanden ihn nicht.

Dann lesen wir: ,,Sie kehrten gemeinsam nach Nazareth zurück, und Jesus war seinen Eltern gehorsam. So wuchs Jesus heran. Sein Wissen und sein Verständnis nahmen zu. Gott und die Menschen liebten ihn'' (Lukas 2, 51-52).

Jesus war zwölf Jahre alt - vielleicht so alt wie du gerade bist - und nahm sich vor, seinen Eltern gehorsam zu sein.

Du weißt, daß die Bibel von jungen Christen erwartet, daß sie ihre Eltern ehren und ihnen gehorsam sind. ,,Ihr Kinder gehorcht euren Eltern! So erwartet es Gott von euch. Du sollst deinen Vater und deine Mutter ehren! Dies ist das erste Gebot, das Gott mit einer Zusage verbunden hat: damit es dir gut geht und du lange auf dieser Erde lebst'' (Epheser 6, 1-3).

Seine Eltern zu achten und ihnen sogar zu gehorchen, ist für viele Teenager heutzutage nicht mehr selbstverständlich. Wie herablassend und verachtend reden doch manche von ihren ,,Alten'' zu Hause, die ihnen den Buckel runterrutschen können.

Aber du willst jetzt nach den Weisungen Gottes leben, also wirst du auch deinen Eltern gehorsam sein, selbst wenn es dir manchmal schwerfallen wird. Auch Eltern machen Fehler. Manche Eltern sind nicht immer bereit, ihr Versagen einzugestehen. Dann fällt es einem Teenager besonders schwer, sie weiterhin zu achten, ihnen zu vergeben und trotzdem gehorsam zu sein.

Wenn du meinst, daß deine Eltern falsch gehandelt haben, solltest du ruhig versuchen, mit ihnen darüber zu sprechen; mache es lieb und höflich, nicht schmollend und schimpfend. Dann sind sie nämlich am ehesten ansprechbar. Schließlich haben sie dich ja lieb und möchten es eigentlich richtig machen.

Ich bin selbst ein Vater von Teenagern. Wenn ich einen Fehler in der Erziehung gemacht habe, tut es mir natürlich leid. Mir fällt es wahrlich nicht leicht, noch einmal ins Kinderzimmer zu gehen und mich zu entschuldigen. Manchmal habe ich auch gar nicht gemerkt, daß ich zu streng reagiert oder etwas mißverstanden habe. Wenn dann meine Tochter oder mein Sohn hinterher in mein Arbeitszimmer kommt und höflich sagt: ,,Du, Papa, meiner Meinung nach warst du vorhin ein wenig ungerecht zu mir. Können wir noch einmal darüber sprechen …?'', dann bin ich natürlich in einer ganz anderen Verfassung und wesentlich gesprächsbereiter, als wenn mein Kind wütend die Tür zuknallt und vor sich hinschmollt.

Wenn Eltern und Kinder sich bemühen, einander mit Achtung zu begegnen, und beide bereit sind, ihre Fehler einzugestehen, dann werden sie schon miteinander klarkommen. Jesus hat als Teenager seinen Teil erfüllt. Von ihm heißt es: ,,Er nahm zu an Weisheit, Alter und Gnade bei Gott und den Menschen.''

Und genau das ist es, was ich dir für dein weiteres Leben wünsche!

Bestimmt werden Dich auch diese Bücher interessieren:

Johannes Koslowski
Pack's mit Jesus
Mit vielen persönlichen Erlebnissen
und zentralen biblischen Aussagen
will der Autor seinen jugendlichen Lesern
Hilfestellung für das Alltagsleben geben.
Dabei wird immer wieder deutlich,
an welchen Kleinigkeiten
sich der Glaube
und die persönliche Beziehung zu Jesus
bewähren muß.
Selbst fast noch jugendlich,
weiß der Autor
um die besonderen Anforderungen
der jungen Generation.
64 Seiten. Taschenbuch
Best.-Nr. 15463

Fred Hartley;
Null Bock — Nein Danke!
Im Glauben ist es
wie im richtigen Leben:
mit mäßigem Engagement wird auch nur
ein mäßiger Glaube erreicht.
Gegen dieses Mittelmaß
wendet sich der Autor.
Er zeigt, daß Gott eine totale Hingabe,
den völligen Einsatz
seiner Nachfolger erwartet.
Null-Bock-Mentalität hat da keinen Platz.
256 Seiten. Taschenbuch
Best.-Nr. 15461